AF340543

RAPPORT

DES ÉVÈNEMENS

Arrivés, à Marseille, depuis le 4 Mars, jusqu'au 25 juin 1815.

~~~~~~

On apprit à Marseille, le 4 mars, que Buonaparte avait quitté son exil, et que, suivi d'une troupe peu nombreuse, il rapportait en France avec de belles promesses, tous les maux attachés à son gouvernement despotique. On fut long-temps à croire à la réalité de cette nouvelle; les véritables Français, ceux qui aiment sincèrement leur Roi et leur Patrie, regardaient cette entreprise comme une nouvelle folie de son auteur : pouvaient-ils croire qu'il y eût en France assez de traîtres, assez d'ingrats pour oublier, les uns la clémence, les autres les bienfaits du plus sage des Rois? Pouvaient-ils croire que la majeure partie d'une armée dont le sang avait coulé pour les caprices extravagans d'un despote, pût
~~~~~~

encore se rallier sous ses drapeaux et se résoudre à marcher contre des compatriotes, contre des citoyens fidèles ? Enfin de nouveaux détails arrivent, il n'est plus possible de douter du débarquement de Buonaparte : on connaît déjà sa marche. Partout attendu par des conspirateurs qui facilitent son passage, il traverse des lieux impraticables avec une célérité étonnante : cependant la Garde nationale s'offre de marcher sur-le-champ ; le peuple entier demande des armes à Massena pour combattre l'ennemi du genre humain ; il n'ose rien refuser,... il promet tout ;... mais, ce Maréchal comblé des faveurs du Roi, met une lenteur, lorsqu'il s'agit de le défendre, qui fait frémir, qui décourage les bons citoyens.

Si l'élan de la Garde nationale eût été secondé, si dans toute la Provence les avis eussent été donnés à temps, Buonaparte eût été exterminé ; mais, Massena servait déjà le compagnon de ses rapines, et abandonnait son Roi.... Tandis qu'il feignait d'applaudir à notre enthousiasme, ses Aides-de-camp attendaient Buonaparte sur sa route, et prenaient ses ordres : tandis qu'il nous trompait par des rapports mensongers, notre Garde nationale courait des périls imminens dans une entreprise inutile.

La ville de Marseille offrait cependant l'aspect d'une fête; une quantité innombrable de drapeaux blancs flottait sans cesse aux fenêtres ; le buste du Roi était placé à tous les édifices publics, dans les places, sur les marchés ; il était couronné de fleurs : des hommes, des femmes, des enfans le promenaient avec respect, avec enthousiasme ; il semblait dans ces jours de tristesse que l'image de ce bon père ne pouvait être assez multipliée pour satisfaire et consoler son immense famille.

C'est dans cette situation que Monseigneur le Duc d'Angoulême trouva les Marseillais : il a pu dire au Roi l'accueil qu'il en reçut : on ne célébra point son arrivée par des fêtes pompeuses (pouvait-on en donner alors)? mais par des larmes sincères ; il vit que les Marseillais étaient dévoués aux Bourbons, que leurs sentimens étaient vrais, que leurs sermens partaient du cœur, et qu'il ne trouverait point parmi eux de parjures; ah! plût à Dieu qu'il eût pu penser ainsi du gouverneur qui alors osa l'embrasser!

A sa voix tout le peuple court aux armes, une armée se forme comme par magie, on marche, on est bientôt en présence de l'ennemi. C'est ici que l'espérance s'évanouit, que les traîtres paraissent, que les désastres commencent. Les régimens de ligne, qui dans nos rangs juraient de nous suivre, abandonnent nos drapeaux et tournent leurs armes contre nous : ils diminuent nos forces alors qu'ils augmentent celles de l'ennemi; chaque pas découvre un piége, chaque instant démasque un traître. On est trompé, trahi, vaincu; le Duc d'Angoulême lui-même capitule.

La consternation, le deuil est dans Marseille; Massena fait connaître, de Toulon, par une proclamation, qu'il faut se soumettre à Buonaparte, ou qu'il est prêt à marcher avec six mille hommes; l'armée de Grouchy s'avance d'un autre côté, le Duc d'Angoulême s'embarque à Cette; toutes les villes du royaume sont soumises, Marseille, la dernière qui ait conservé le pavillon blanc subit le même sort, et le sinistre tricolore est arboré le 12 avril 1815.

Le changement de gouvernement n'apporte point de changement dans l'opinion : les autorités nouvelles se tiennent sur leur garde ; les Officiers à demi-solde et quelques apôtres du jacobinisme font paraître de loin en loin , et avec précaution, la cocarde tricolore ; les aigles sont déchirés à mesure qu'ils paraissent ; les proclamations du Roi sont affichées et lues publiquement ; on porte encore le Lys avec orgueil ; mais peu à peu la garnison de Buonaparte s'augmente ; à chaque renfort les révolutionnaires prennent plus d'audace ; chaque jour en voit entrer en lice de nouveaux ; les arrestations commencent ; Brune, Verdier , Lecointre-Puyraveau , Rœderer essaient leurs forces ; hier ils exhortaient, aujourd'hui ils commandent ; bientôt ils vont menacer.

Ils exigent de la Garde nationale de passer sous le drapeau tricolore , de prêter serment, de se fédérer ; elle refuse : l'autorité persiste, elle refuse encore , et les menaces les plus odieuses ne peuvent l'ébranler ;...

mais cependant le jour allait paraître où il fallait obéir.

Ce fut le 26 mai, (jour que devait avoir lieu la farce du Champ-de-Mai) que les autorités résolurent d'exécuter leurs desseins, et de jeter la terreur parmi les Marseillais : à cet effet on appelle les régimens les plus dévoués à Buonaparte, on arme les officiers en demi-solde dont on forme un bataillon qu'ils nomment *sacré :* comme si une garnison nombreuse n'eût pas suffi pour leur projet; on fortifie les hauteurs et les forts qui dominent la ville; l'on braque des canons sur le cours, et la garnison composée d'artillerie, d'infanterie et de cavalerie reçoit l'ordre de bivouaquer dans les divers quartiers.

Deux coups de carabine sont le signal convenu; aussitôt des soldats ivres et furieux mettent le sabre à la main, se dispersent dans les rues et tombent sur les gardes nationaux isolés qu'ils mutilent ou qu'ils traînent en prison : les citoyens paisibles sont insultés, beaucoup payent de leur sang l'audace de s'être plaint; il n'y a point de quartier pour les malheureux qui ne sont pas revêtus d'une cocarde tricolore, et souvent ce signe de leur ralliement ne met pas à l'abri de leur violence. Enfin, tout pouvoir est donné à une soldatesque effrénée, qui dirigée par une bande d'anciens jacobins se portent à tous les excès ; tantôt ils ordonnent d'illuminer la ville, tantôt de mettre des drapeaux tricolores aux fenêtres, et des coups de pierre et des coups de fusil font justice de ceux qui n'obéissent pas à l'instant.

On savait que depuis long-temps les amis de l'indépendance et de la liberté avaient décidé dans leurs clubs de désarmer la Garde nationale, de la réorganiser à leur façon en y substituant surtout des Officiers de leur choix : il était naturel qu'ils profitassent de ce jour de terreur pour réaliser ce projet, qui ne put être exécuté qu'en partie, vû l'uniformité des sentimens marseillais. Dès cet instant il ne fut plus de violences auxquelles on ne se portât ; chaque jour voyait éclore de nouvelles vexations ; des réquisitions énormes pesèrent sur la ville sans ménagement ; on ne mit plus de frein dans les arrestations : nos plus estimables citoyens furent traînés indignement à Grenoble, au Pont Saint-Esprit, au Fort la Malgue et dans la Bourgogne : ceux qui pouvaient échapper à la surveillance de la police de Lecointre, ou aux dénonciations des jacobins, erraient dans les montagnes, ou fuyaient chez l'étranger.

Telle était la situation de Marseille, presque déserte, à l'époque du 25 juin dernier. C'est ce jour que le général Verdier reçut par estafette la nouvelle de l'entière déroute et de l'abdication de Buonaparte : il hésitait d'en donner connaissance à des habitans dont il se méfiait : les autorités réunies chez lui, délibéraient sur le parti qu'il convenait de prendre; pendant leurs débats, la nouvelle passe de bouche en bouche, prend de moment en moment plus de consistance, et devient enfin publique; c'en fut assez : dans un instant tous les citoyens se répandent dans les rues; on s'instruit mutuellement de l'heureuse nouvelle, la joie éclate, les cris de VIVE LE ROI se font entendre, un drapeau blanc paraît, cinq minutes après la ville en est couverte. La troupe excitée par des Officiers à demi-solde, insulte quelques personnes portant la cocarde blanche ; elle se porte même à des violences dont plusieurs citoyens sont victimes ; on court aussitôt aux armes, la fusillade s'engage dans divers quartiers ; le peuple est dans la plus grande agitation ; on se rappelle des crimes, et quelques jacobins périssent.

A six heures et demie du soir , la garde du palais vint demander au chef du piquet qui était à la commune, un détachement pour accompagner au fort Saint-Jean , les soldats du poste de la ligne , qui craignaient d'être assaillis par le peuple , ce qui leur serait arrivé , sans doute , sans la vigilance de quinze chasseurs ou grenadiers du quatrième bataillon , deuxième légion de la garde urbaine, qui avaient à leur tête le brave CLÉRISSY , ex-adjudant-major dudit bataillon : arrivés à la porte du fort, des cris de vive l'Empereur se firent entendre par les officiers et soldats de la garnison ; les urbains irrités d'une semblable trahison ne consultèrent point le danger auquel ils étaient exposés, ils répondirent par des cris de VIVE LE ROI, et forcèrent ces brigands à rentrer dans le fort ; aussitôt un sergent des grenadiers du treizième de ligne revint en criant : Vive l'Empereur ! Clérissy le repousse avec indignation ; il n'imaginait pas que l'officier qui commandait au fort, pût ordonner de faire feu sur ceux qui avaient sauvé leurs camarades ; mais c'était sans doute un coup prémédité qui devait être le signal donné aux autres soldats placés au-dessus de la plate-forme , puisqu'ils firent au moins une décharge de deux-cents coups de fusil à la fois sur un peuple sans armes.

Les urbains, forcés alors de se retirer par le grand nombre qui leur était opposé , se replièrent sur le port, à l'entrée de la place Saint-Jean et à la Tourette, en se défendant en tirailleurs, après avoir tué un officier, un grenadier et l'infâme sergent qui commença le feu ; ce scélérat mourut d'un coup de baïonnette, qu'il reçut de M. Verse, sergent, commandant le détachement des grenadiers ; juste châtiment que la Providence a permis en sauvant les jours de ces braves, qui n'ont échappé que par miracle ; (leurs noms et grades sont désignés au bas

de ce rapport). La fusillade qui n'avait
point discontinué, dura jusqu'au moment
où la présence de M. Raimond aîné, notre
Maire chéri, leur fit cesser le feu (à nuit
close).

Ce fut à onze heures que ces dignes soldats de Buonaparte se réunirent avec le
reste de la garnison, devant l'hôtel du général Verdier, qui, à minuit, opéra sa re-
traite sur Toulon.

Les braves habitans des campagnes et des
villages qui avaient tout quitté pour venir
défendre la bonne cause, étaient alors hors
la porte de Rome, et les accompagnèrent
bien avant sur la grande route à coups de
fusils et à coups de pierre.

Cette nuit orageuse fut suivie d'un jour
plus orageux encore; le peuple irrité des
vexations de la troupe, et surtout des anciens suppôts de la révolution, fit main
basse sur ceux qu'il rencontra; nulle autorité ne put se faire entendre; la rage, le
ressentiment furent à son comble; ce n'a
été que le lendemain, et avec beaucoup de
peine, que la Garde nationale, réorganisée
par le Comité royal provisoire, parvint à

ramener l'ordre, qui depuis n'a plus été troublée; au contraire, depuis cette époque, la ville a été dans la joie : aucun sacrifice n'a coûté pour se mettre en défense; des corps royaux se sont formés, des chefs expérimentés en ont pris le commandement; nos voisins nous ont imités, et déjà le midi de la France, réuni sous l'étendard de LOUIS XVIII, reconnaît que si, par les localités, Marseille n'a pu former une Vendée, elle a été du moins la dernière à quitter le pavillon blanc, la première à le reprendre, malgré les dangers auxquels elle a été vivement exposée.

Ainsi cette ville importante n'a jamais cessé d'être fidèle aux BOURBONS, et s'honore d'avoir souffert pour leur cause pendant le court intervalle qu'elle a été soumise à l'oppresseur; l'on peut même affirmer que par ses nobles efforts elle n'eût jamais passé sous le joug, sans des traîtres que l'on désignerait aujourd'hui à la justice du Roi, si les bons Marseillais n'avaient déjà oublié leurs noms.

Mais s'il en coûte de nommer des traîtres, quelle satisfaction, au contraire, ne doit-on pas éprouver à faire connaître ces fidèles citoyens qui se sont exposés à des dangers, et ont fait tous les sacrifices possibles pour soutenir constamment la cause sacrée de LOUIS XVIII. Que de reconnaissance ne doit-on pas à M. RAYMOND, actuellement maire de la ville ! plusieurs fois son courage et son dévouement ont sauvé Marseille : sans cesse en opposition avec les autorités deBuonaparte, il a su par sa fermeté et son sang-froid, arrêter souvent des violences qui auraient mis le comble à nos maux. Tout le monde connaît le courage, la prudence et la sagesse de M. BORELLY, commandant de la garde nationale, et de tous les membres composant avec lui le comité royal provisoire; l'éloge de ces bons citoyens est dans toutes les bouches...; la reconnaissance est dans tous les cœurs.

Il ne faudrait pas être Marseillais pour ne pas citer avec orgueil la conduite noble et loyale de notre brave compatriote, M. REYNAUD de Trest : proscrit par le général Verdier, qui redoutait encore plus ses vertus que sa valeur, il pouvait obtenir sa liberté en prêtant serment de fidélité à Napoléon;

mais le brave Reynaud n'hésite pas, il avait juré de mourir pour la défense de son Roi, il ne connaît que ce serment, et plutôt que de le trahir, il préfère qu'on l'exile; il eût même préféré la mort.

MM. Payen, Gras - Salicis, Dumail, Laget, Tardieu, Barras, sergent des gardes nationaux d'Aix, et Ollier, capitaine, ont été victimes de leur noble dévouement; leur opinion bien prononcée en faveur des BOURBONS était un motif suffisant pour s'attirer la persécution de Lecointre, qui les avait envoyés indignement au Pont Saint - Esprit et dans la Bourgogne, où plusieurs d'entr'eux languissaient dans des cachots.

C'est aussi un devoir que de faire connaître un jeune citoyen, M. Espanet, qui, le 25 juin dernier, voyant des femmes et des enfans exposés aux violences de la troupe, osa seul se présenter pour les défendre; son zèle et son courage lui furent funestes; atteint de plusieurs balles, il tomba dans son sang, et ce n'a été que long-temps après qu'on a pu espérer de conserver à sa patrie ce brave jeune homme, qui a mérité

et qui recevra sans doute de son Roi, ainsi
que les autres citoyens qui se sont distin-
gués, les récompenses décernées aux braves
qui se sont voués au salut de la patrie, et
qui ont contribué au triomphe de la plus
sainte des causes.   V.

Noms *des Grenadiers et Chasseurs du quatrième
Bataillon, deuxième Légion, qui étaient à
l'affaire du fort Saint-Jean.*

Clérissy, Lieutenant de la deuxième Compagnie des Chasseurs.	Terrasson, serg. des Chass.
	Sapet, fourrier id.
	Smith, caporal id.
Verse, sergent des Grenad.	Rousset, id. id.
Moulard aîné, sergent id.	Aubert, id.
Vilaret, caporal id.	Arnaud, id.
Casaty, id.	Arnoux, id.
Guiaber, id.	Baille, id.
Poussel, id.	Mouren, id.
Martin, serg.-m. des Chass.	

N. B. Ce sont les mêmes Urbains qui ont été, le 25 juin,
à onze heures du soir, remplacer au fort Saint-Jean les
dignes soldats de Buonaparte, et ont été placer le 26, à trois
heures du matin, le drapeau blanc au haut de la grande
tour, aux acclamations de *vive le Roi !* et en présence de
leur brave colonel, M. Borrelly.

Il y a eu dans l'intérieur du fort, d'après la déclaration
que leur en a faite le concierge, dix hommes de la ligne bles-
sés et trois de morts ; ce qui fut exécuté par les gens du

peuple, qui furent en partie s'armer pour soutenir le feu, du
côté de la Tourette.

Il y a eu dans cette affaire M. BAILLE, chasseur, qui a été
blessé légèrement, et Antoine-Dominique DECOUP, de Marseille, préposé au bureau de la santé publique, qui a reçu, en
sortant de la consigne un coup de feu qui lui a traversé les
joues, emporté la mâchoire inférieure et privé d'une partie de
la parole.

TESTU, IMPRIMEUR DE LL. AA. SS. MONSEIGNEUR LE DUC
D'ORLÉANS ET MONSEIGNEUR LE PRINCE DE CONDÉ.